LE GUIDE
DE L'EMPRUNTEUR

ou

CE QUE C'EST

QUE

LE CRÉDIT FONCIER

Par M. Louis Bellet,

AUTEUR DU CODE DE LA FAMILLE, DU CODE-MANUEL DES OUVRIERS,
DU PROPAGATEUR DES ASSURANCES CONTRE L'INCENDIE, etc.

Prix : 15 centimes.

PARIS.

CHEZ L'AUTEUR,
RUE NOTRE-DAME-DES-VICTOIRES, 40,
Place de la Bourse,
Et chez tous les Libraires de Paris et des départements.

1853.

LE GUIDE

DE L'EMPRUNTEUR

OU

CE QUE C'EST

QUE

LE CRÉDIT FONCIER.

LE GUIDE
DE L'EMPRUNTEUR

ou

CE QUE C'EST

QUE

LE CRÉDIT FONCIER

Par M. Louis Bellet,

AUTEUR DU CODE DE LA FAMILLE, DU CODE-MANUEL DES OUVRIERS,
DU PROPAGATEUR DES ASSURANCES CONTRE L'INCENDIE, ETC.

Prix 15 centimes.

PARIS

CHEZ L'AUTEUR,

RUE NOTRE-DAME-DES-VICTOIRES, 40,

Place de la Bourse,

Et chez tous les Libraires de Paris et des départements.

1853.

AU LECTEUR.

Il ne faut pas croire que les Institutions nouvelles, si favorables qu'elles soient d'ailleurs pour les intérêts généraux de la Société, entrent promptement dans les mœurs et qu'elles soient facilement acceptées. Avant d'être appliquées, il est important que ces Institutions soient comprises et qu'elles aient parlé à notre intelligence, avant de répondre à nos besoins.

Les *Assurances* et les *Caisses d'épargne*, l'expérience l'a suffisamment prouvé, devaient être fécondes en heureux résultats; et cependant, pour qu'elles obtinssent la confiance publique, au nom des bienfaits qu'elles devaient répandre , il a fallu que, pendant longtemps, leurs combinaisons fussent exposées et mises en lumière; que leur mécanisme fût expliqué.

Le *Crédit foncier* ne saurait échapper à cette loi commune ; car, de l'aveu même des hommes qui ont le plus concouru par leurs travaux à doter notre pays de cette heureuse création, aucune question n'est moins connue dans ses éléments que celle du *Crédit foncier.* Veut-on que cette Institution porte tous ses fruits ? Veut-on qu'elle exerce son influence sur le bien-être privé et sur l'accroissement de la fortune publique? Il est nécessaire alors d'en exposer le but avec clarté, d'en faire apprécier les avantages. Cette nécessité est d'autant plus grande, que le *Crédit foncier* touche à des intérêts plus nombreux, aux intérêts de tous les propriétaires du sol en France, sans en excepter l'humble possesseur de quelques arpents de terre. Il faut donc que chacun d'eux sache *ce que c'est que le Crédit foncier* ; il faut que chacun d'eux connaisse la nature des opérations de cette Institution tutélaire, l'étendue des services qu'elle est appelée à rendre à la propriété.

Le *Crédit foncier*, comme toute vérité une fois lancée dans le monde, fera son chemin, nous n'en saurions douter; mais aussi, comme toute vérité, il rencontrera sur sa route l'incrédulité, les préventions et l'ignorance. Nous serions heureux si nous pouvions, pour notre part, contribuer à affranchir le *Crédit foncier* de ces obstacles, et à rendre plus facile l'accomplissement de sa mission, en ralliant à lui, après les avoir éclairés et convaincus, les esprits qui ignorent ou qui doutent.

Juin 1853.

CHAPITRE PREMIER.

DÉFINITIONS.

———

Le *Crédit*, dans le sens général de ce mot est la possibilité, pour une personne qui n'a pas d'argent, de faire usage de l'argent d'autrui en échange de certaines garanties qu'elle peut offrir.

Une Société qui prête ainsi les capitaux dont elle dispose contre les garanties qui lui sont offertes, est une *Société de Crédit.*

Si la garantie, donnée pour inspirer confiance aux capitaux, repose sur le sol, sur le fonds de la terre, sur les constructions qui le couvrent, la Société s'appelle *Société de Crédit foncier* (1).

Le *Crédit foncier de France*, créé et auto-

———

(1) Une *Société de Crédit* qui reçoit au contraire pour gages, et à titre de garantie, des contrats de rente, des actions, des obligations, des valeurs industrielles, est une *Société de Crédit mobilier*, parce que ces valeurs, obligations ou actions sont réputées *meubles* par la détermination de la loi.

risé par Décrets des 28 mars, 30 juillet et 10 décembre 1852, est une Société de cette nature.

Les Sociétés de *Crédit foncier* ont pour objet de donner aux propriétaires d'immeubles (fonds de terre de toute nature, maisons, bâtiments, etc.) qui veulent emprunter de l'argent sur *hypothèque* (1), c'est-à-dire affecter leurs propriétés à la garantie de l'emprunt qu'ils font, les moyens de se libérer du capital qui leur est prêté et des intérêts de ce capital, en payant annuellement pendant une période d'années, plus ou moins longue, une somme d'argent qui prend le titre d'*annuité*.

Avant d'indiquer les avantages que présente l'institution du *Crédit foncier* et dont plus de dix millions de propriétaires, en France, sont désormais appelés à jouir, grâce au Décret du 28 février 1852 (2), nous devons dire, dès à présent, que cette Institution peut invoquer des précédents en sa faveur et qu'elle a pour elle l'autorité de l'expérience.

« Il ne s'agit pas, en effet, ici d'une invention de première main; il s'agit d'une importation. Le succès des Institutions de *Crédit foncier* en Allemagne doit contribuer à les intro-

_____

(1) L'hypothèque est un droit réel sur les immeubles affectés à l'acquittement d'une obligation. (*Code Napoléon*, art. 2114.)

(2) Décret d'organisation du *Crédit foncier*.

duire dans notre pays sous d'heureux auspices.
Si nous redoutons les applications téméraires
de procédés nouveaux, nous adoptons assez
volontiers ce que d'autres peuples ont essayé
et admis. Le patronage des Anglais et des
Américains a cautionné près de nous les che-
mins de fer ; la gravité germanique cautionne
aujourd'hui le *Crédit foncier* qu'elle expéri-
mente depuis quatre-vingts ans, qu'elle a étendu
à toutes les parties de l'Allemagne, à ses royau-
mes, à ses principautés, qui prospère à nos
portes, en Bavière, et qui n'a vraiment besoin,
pour devenir français, que de franchir la fron-
tière du Nord ou de passer le Rhin (1). »

Or, nous sommes aujourd'hui en possession
du *Crédit foncier*, et il méritera sa prompte na-
turalisation sur notre sol par les bienfaits dont
la France lui sera redevable.

Cette Institution viendra en aide à la propriété, écrasée de plus en plus sous le poids
des charges qui la grèvent; elle l'affranchira
d'une partie de ces charges.

Cette Institution permettra aux propriétaires, qui ont emprunté sur leurs immeubles, de

(1) M. F. de Villefosse : *Études sur le Crédit foncier*

convertir la dette qu'ils ont contractée et qu'ils doivent rembourser en capital, après avoir payé de gros intérêts, en une autre dette, mais remboursable à longs termes, et par de faibles annuités comprenant les intérêts et le capital.

Un très-grand nombre de propriétaires ne sont aujourd'hui propriétaires que *de nom* ; leur propriété, qu'ils ont engagée, appartient plus en réalité à leurs créanciers qu'à eux-mêmes. Le *Crédit foncier* les rendra propriétaires *de fait*, propriétaires sérieux, en les mettant à même de se libérer de ce qu'ils doivent et de reconquérir ainsi, celui-ci sa maison, celui-là son champ.

Enfin le *Crédit foncier*, et c'est là le point important, fournira au sol les capitaux nécessaires pour son amélioration ; il ouvrira pour l'habitant des campagnes, dévoré par l'usure, la source d'un crédit régulier, en mettant autant que possible en rapport l'intérêt de l'argent avec le revenu de la terre.

Il faut bien le dire : tandis que l'industrie attire à elle, par d'ingénieuses combinaisons, des capitaux sans cesse renaissants, l'agriculture est délaissée. La première, ainsi qu'on l'a dit avec raison, par les services et par l'utilité, l'agriculture a aussi le privilége d'être la première par l'infortune financière. Vainement la science agricole proclamera ses progrès ; vainement elle enseignera de nouveaux

procédés d'engrais, d'irrigation; vainement
elle recommandera l'emploi d'instruments ara-
toires plus perfectionnés, plus économiques; la
pénurie des capitaux ou le haut prix auquel
on vend l'argent à l'habitant des campagnes
opposent à ces progrès et à ces améliorations,
si désirables qu'ils soient, un obstacle insur-
montable.

Ce ne sera pas un des moindres avantages
du *Crédit foncier*, ce ne sera pas un des moindres titres de cette Institution à la reconnais-
sance de tous, que de fournir à la culture
l'usage des capitaux qui lui sont nécessaires
pour que la terre, largement fécondée par le
cultivateur, donne, Dieu et le soleil aidant,
toutes les richesses qu'elle peut produire.

Grâce au *Crédit foncier*, le travailleur qui
n'a pas de patrimoine peut acquérir une terre
double en valeur de la somme dont il disposera
et payer le surplus au moyens d'économie for-
cées qui font de cette Institution une véritable
Caisse d'épargne de la propriété territoriale.
Le propriétaire peut aussi établir ses enfants ou
les liberer du service militaire en contractant
un emprunt qu'il remboursera successivement.

Nous venons d'indiquer sommairement quelques uns des services que le *Crédit foncier*
doit rendre au pays. Pour faire apprécier
l'étendue et l'importance de ces services, il
convient d'examiner dans quelle condition se

trouve aujourd'hui l'*emprunteur* sur hypothèque, contractant sa dette vis-à-dis d'un *pré-
teur*. Nous montrerons plus tard cet *emprunteur* demandant à la Société du *Credit foncier
de France* l'argent qu'il désire obtenir.

Les deux systèmes, les deux modes d'emprunt se trouveront ainsi en présence, et nos
lecteurs pourront se prononcer en connaissance
de cause.

CHAPITRE II.

A QUELLES CONDITIONS ON EMPRUNTE AUJOUR-D'HUI SUR HYPOTHÈQUE.

Si nous disons que huit milliards de francs, d'après les calculs les plus généralement admis, ont été empruntés en France sur hypothèque; en d'autres termes, que des propriétaires ont consenti à ce que leurs propriétés devinssent, pour huit milliards, le gage de leurs créanciers;

Si nous ajoutons :

Que ces propriétaires paient en moyenne (1) un intérêt annuel de sept pour cent au moins du capital emprunté;

(1) Les Conseils généraux ayant été consultés, en 1845, sur la question de savoir quel était le taux de l'intérêt dans leurs départements, 61 ont répondu : 17 l'ont évalué à 6 ou 7 0/0 ; 12, de 7 à 10 0/0 ; d'autres ont varié entre 12 et 22 0/0 ; 57, ont déclaré qu'il dépassait toujours 5 0/0 ; nous croyons donc être au-dessous de la vérité en ramenant à SEPT POUR CENT la *moyenne* de l'intérêt.

Qu'un grand nombre d'entre eux parviennent difficilement à payer ces intérêts ;

Qu'un nombre plus considérable encore de ces propriétaires sont dans l'impossibilité absolue de rembourser à l'échéance du prêt, le capital emprunté ;

On comprendra le mal profond qui pèse sur la propriété et tout le bien que le *Crédit foncier* peut faire, s'il remédie, par ses combinaisons, à un semblable mal.

Avant de faire toucher du doigt, en quelque sorte. et par un exemple, les *conditions actuelles* d'un emprunt sur hypothèque, nous devons rappeler que l'emprunteur paie en moyenne, ainsi que nous venons de l'expliquer, un intérêt annuel de sept pour cent, et que ces emprunts sont faits pour une période de temps souvent inférieure à cinq années; mais, en général, ne dépassant pas ce délai.

EXEMPLE.

Durand veut emprunter 3,000 fr. sur hypothèque. Son notaire le met en relation avec Dubois, qui consent à lui prêter cette somme pour cinq années;

mais il exige un intérêt de sept pour cent par an. Toutefois, comme une loi de 1807 a fixé le taux de l'intérêt à cinq pour cent, en matière civile, d'une manière absolue, et comme l'acte que le notaire va dresser ne peut mentionner que cet intérêt légal, Dubois retient pour différence d'intérêt deux pour cent par an, soit, pour les cinq années, 300 fr.; et lorsque les formalités sont remplies, il ne remet à Durand que 2,700 fr. Celui-ci n'en paiera pas moins l'intérêt sur 3,000! Durand supporte, en outre, les frais qui, pour un prêt de cette somme, peuvent être évalués à trois pour cent environ, c'est-à-dire à près de 90 fr. — L'emprunt est consommé.

Au bout de cinq années, Durand ne peut pas rembourser le capital. Dubois, de son côté, ne consent pas à prolonger le délai qu'il avait accordé; il veut, en un mot, rentrer dans son argent. Un autre prêteur prend sa place. Durand n'a pas changé de position; il a changé seulement de créancier; et il a dû payer, pour le contrat nouveau qui est intervenu, de nouveaux frais augmentés encore d'un droit de quittance, ce qui porte ces frais à plus de 100 fr. Il a dû subir, de plus, une nouvelle retenue de 300 fr. sur le montant du prêt, pour différence d'intérêt.

Durand, cinq ans plus tard, se trouvera peut-être dans la même situation. Ses ressources n'auront pas répondu à ses espérances; il ne pourra pas restituer le capital à l'échéance convenue. De là, intervention obligée d'un nouveau prêteur; nouvel acte, nouvelle retenue, nouveaux frais. Qu'un troisième renouvellement devienne encore nécessaire, et il se trouvera que Durand aura payé au bout de 20 ans :

En intérêts	3,000 f.
En frais.....................	400
En retenues successives sur le capital......................	1,200
Ensemble..............	**4,600 f.**

Et il DEVRA ENCORE les mille écus empruntés.

En contractant avec le *Crédit foncier de France* un emprunt de 3,000 fr. pour 20 ans (1), Durand aurait à payer :

Pour frais de contrat, environ......	100 f.
Pour vingt *annuités*.............	4,840 (2)
Ensemble............	**4,940 f.**

Il ne lui en coûterait donc, pour s'acquitter de son emprunt, en CAPITAL, intérêts et frais que 4,940 fr., tandis que, par la voie de l'emprunt ordinaire, il aura payé en 20 ans 4,600 fr., en restant toujours DÉBITEUR du CAPITAL prêté.

Cette condition de l'emprunteur n'est-elle pas déplorable ? Et qu'arrive-t-il, lorsque le débiteur du capital ne peut ni renouveler son emprunt, ni rembourser, à défaut d'un autre prêteur qui remplace le premier ? Il est dépossédé de sa propriété, que fait vendre un

(1) Voir pour ce mode d'emprunt, CHAP. IV, page 35.
(2) En nombres ronds. En réalité, 4,843 fr. 42 c. et une fraction.

créancier, peut-être rigoureux , mais , après
tout, usant de son droit. Pouvait-il en être
autrement? Ce débiteur subit fatalement son
sort. Il était pris dans cet engrenage légal
qu'on appelle *l'emprunt hypothécaire;* il devait y laisser sa propriété.

Non-seulement le *Crédit foncier* fera cesser
pour tous les emprunteurs sur hypothèque ,
en général, les causes de gêne et de ruine
sous lesquelles ils se débattent aujourd'hui;
mais encore il protégera, particulièrement,
les habitants des campagnes contre le danger
dont les menace une manœuvre bien connue
des usuriers et qui ne les enrichit que trop
souvent des dépouilles du cultivateur.

EXEMPLE.

Jean emprunte 4,000 fr. à Paul, qui se fait sou-
scrire des billets pour le paiement de la somme
prêtée et des intérêts. Jean se trouve dans l'impossibilité de tenir ses engagements; il est alors à la
discrétion de Paul, son créancier, qui peut le poursuivre, saisir ses biens et les faire vendre. Paul
consent cependant à ne pas poursuivre, à la
condition que Jean lui vendra, en échange de la
somme qu'il a reçue, un corps de ferme, par exemple.
Mais si, dans l'espace de cinq ans, Jean rembourse
ce qu'il doit en *capital, intérêts et frais,* il rede-

2

viendra propriétaire du bien vendu. Vendre ainsi, c'est ce que la loi appelle vendre à *réméré* ou avec faculté de rachat.

Jean, qui ne veut pas être dépouillé de ce qu'il vend et qui espère qu'une situation plus heureuse lui permettra, dans un délai de cinq années, de se libérer, signe l'acte qui lui est demandé. On peut dire, presque à coup sûr, qu'il est tombé dans un piège ; car si, à l'expiration des cinq ans, bercé par de fausses espérances, Jean n'a pu rembourser Paul, il est irrévocablement dépouillé d'une propriété pour laquelle il n'a reçu qu'une valeur sans doute insuffisante.

Nous ne saurions trop le répéter : ces transactions donnent aux prêteurs de mauvaise foi la facilité de déposséder à vil prix un emprunteur gêné, et hors d'état de résister à leurs exigences injustes (1).

Il est d'autant plus important que le *Crédit foncier* réforme le mode d'emprunt sur hypothèque, tel qu'il existe aujourd'hui, que, par

---

(1) « On ne saurait trop recommander aux notaires, toutes les fois qu'ils ont quelques motifs de soupçonner des intentions frauduleuses, de refuser leur ministère à de semblables transactions, ou de ne le prêter du moins qu'après avoir bien fait comprendre au vendeur à quel danger il s'expose. »

(M. Chabrol de Chaméane : *Dictionnaire de législation usuelle*.)

la force même des choses, les inconvénients et les abus que nous avons signalés se perpétueraient indéfiniment.

Plusieurs causes s'opposeraient, du moins pour longtemps encore, à ce que les propriétaires pussent emprunter à des conditions favorables et obtenir l'argent à bon marché.

Ces causes proviennent, d'une part, de certaines habitudes qui sont entrées dans nos mœurs; d'une autre part, des dispositions mêmes de la loi qui, laissant le prêteur moins protégé, en réalité, le rendent plus craintif et, dès lors, plus âpre au gain.

Ceci demande quelques courtes explications.

On ne peut nier que si l'emprunteur sur hypothèque se trouve, le plus souvent, dans l'impossibilité de rembourser le capital emprunté, à l'expiration du terme fixé, c'est que ce terme est toujours trop rapproché. Les prêts sont faits pour cinq ans au plus, parfois même pour trois années. Dira-t-on que le prêteur ne veut pas s'engager pour une plus longue période? Cette objection peut être vraie; cependant elle n'est pas la cause déterminante de la brièveté des prêts. C'est l'emprunteur lui-même qui s'emprisonne dans un trop court délai. De dangereuses illusions, de folles espérances le portent à croire que dans cinq ans il aura reconstitué dans sa main le capital qu'il emprunte, en dehors des intérêts qu'il paie, et qu'il pourra rembourser son créancier. Il lui tarde d'affranchir sa propriété de l'état de servitude dans laquelle il l'a placée ; puis les événements trompent presque toujours ses prévisions ; et nous l'avons vu, au bout de cinq ans, trop heureux de s'enchaîner pour quelques autres années.

Sous ce rapport, c'est l'emprunteur qui aggrave sa position ; mais les emprunts à courte échéance résultent de l'usage, des habitudes.

C'est ainsi que nos mœurs concourent à rendre les emprunts par hypothèque désastreux pour ceux qui les contractent.

Quant à la loi, elle est loin d'être favorable à l'emprunteur, car elle rend le prêteur plus exigeant à son égard.

Le prêteur est en effet dominé par deux préoccupations ; il est sous le coup d'une double crainte.

S'il sait qu'il pourra faire saisir et vendre la propriété sur laquelle, suivant les mots consacrés, il *a pris hypothèque*, au cas où son créancier n'acquitterait pas les intérêts qu'il s'est engagé à servir, ou ne rembourserait pas le capital prêté, à l'expiration du terme fixé pour le prêt ; il n'ignore pas que les poursuites qu'il exercerait alors se traduiraient pour lui en démarches, en temps perdu, en avances d'argent pour les frais, et qu'elles soulèveraient contre lui des animosités quelfois périlleuses. Il calcule, en outre, que la loi prescrivant, dans les procès de cette nature, l'observation de formalités nombreuses et très-lentes à s'accomplir, un long délai s'écoulera avant qu'il puisse rentrer dans le capital qu'il a prêté, dans les intérêts qui pourraient lui être dus.

Mais ce n'est pas tout. De nouvelles craintes viennent se joindre, dans l'esprit du prêteur, à ces premières appréhensions.

Est-il toujours certain que la propriété, que *le bien*, sur lesquels sa créance repose, soient pour lui une garantie suffisante? Voit-il toujours clair dans les affaires de son emprunteur? Ne peut-il pas arriver, si, par exemple, cet emprunteur est marié, que la propriété qu'il donne pour gage, réponde déjà de la dot d'une femme, des créances que celle-ci peut avoir sur son mari? Et comme cette *hypothèque* que la femme a sur les biens de son mari, est créée par la loi elle-même, sans qu'elle ait besoin de se révéler par un acte apparent, si bien qu'on la nomme hypothèque *occulte*, c'est-à-dire *cachée*; on conçoit que le prêteur ne sache jamais à quoi s'en tenir sur l'étendue des droits de la femme de l'emprunteur; et la créance de cette femme, venant cependant en première ligne, passerait et serait remboursée avant la sienne!

La propriété qui forme ou qui doit former, du moins, la garantie du prêteur, peut répondre d'ailleurs d'autres droits également *cachés*, mais plus difficiles encore à connaître. Ainsi, pour ne citer qu'un fait, l'emprunteur peut être chargé de la tutelle d'un mineur ou d'un interdit, et ceux-ci ont sur les biens de leur tuteur une *hypothèque* qui, comme celle de la femme, résulte directement et immédiatement de la loi. Le prêteur saura, à la rigueur, si l'emprunteur est marié. Mais ne pourra-t-il pas ignorer si cet emprunteur est investi d'une tutelle; et si, un jour, on ne lui opposera pas, à lui prêteur, les droits consacrés par la loi, d'un interdit ou d'un mineur, ou d'autres causes affectant la capacité du débiteur?

Voilà, de leur côté, comme les lois font obstacle à ce que les propriétaires obtiennent des capitaux à bon compte; car, ainsi qu'on l'a dit avec raison : « Le prêteur, en effet, n'a qu'une chose à faire s'il veut prêter; c'est de demander d'autant plus à la bourse de l'emprunteur qu'il a moins de garanties dans la législation (1). » Il faut qu'il trouve dans les intérêts élevés qu'il exige non-seulement l'intérêt du capital qu'il livre, mais encore une compensation des chances qu'il court, des inquiétudes et des difficultés qu'il redoute.

(1) M. F. de Villefosse : *Études sur le Crédit foncier.*

Hâtons-nous de voir le *Crédit foncier* ou-vrant pour les emprunteurs sur hypothèque une voie nouvelle, débarrassée des écueils et des périls que nous venons de signaler.

———

CHAPITRE III.

SITUATION DE L'EMPRUNTEUR S'ADRESSANT AU CRÉDIT FONCIER.

La Société du *Crédit foncier de France* est autorisée à *prêter* les capitaux dont elle dispose, suivant deux combinaisons différentes, que nous ferons connaître, avec quelques exemples à l'appui, dans un autre Chapitre. Nous ne voulons, pour le moment, que mettre en relief l'ensemble du système qui sert de base au *Crédit foncier*.

Le *Crédit foncier* PRÊTE à la condition que l'EMPRUNTEUR lui paiera, pendant un temps déterminé, de 20 à 50 années, une *annuité* (nous avons dit qu'on appelait ainsi un paiement fait annuellement), et qui comprend :

1° Une somme pour l'intérêt de l'argent, le *Crédit foncier* devant payer, de son côté, l'intérêt des capitaux qu'il se procure pour ses opérations ;

2° Une somme pour les frais d'administration, une Société de *Crédit foncier* ayant à pourvoir aux frais de ses Bureaux, Directions, Inspections, Agences, etc. ;

3° Une somme pour l'*amortissement* du capital prêté, c'est-à-dire pour que, pendant la durée du prêt, ce capital se reforme, se reconstitue afin d'être rendu à ceux qui en ont fait l'avance à la Société de *Crédit foncier*.

Comme cette combinaison est la clef de voûte du *Crédit foncier*, nous chercherons ici à en faciliter l'intelligence pour nos lecteurs.

On a reconnu que, si l'on place, chaque année, une certaine somme, et que si, au lieu de dépenser les intérêts produits par ces placements successifs, on replace constamment ces intérêts et les intérêts de ces intérêts, on crée très-rapidement un capital considérable, relativement aux versements effectués.

C'est ainsi que le versement annuel d'une somme d'*un franc* dans une Caisse d'épargne, où l'argent est placé au taux de 4 0/0 à intérêt composé, aura produit au bout de 50 ans un capital de 158 francs 78 centimes, quoique l'on n'ait versé que cinquante fois un franc.

Moyennant 50 francs versés de cette manière, on pourra donc éteindre en 50 ans une dette de 158 francs.

Telle est l'opération appelée dans le langage financier *Amortissement*. Il est bien évident, et cette remarque trouvera plus tard son application, qu'il est nécessaire d'employer annuellement, pour l'*amortissement* d'un capital quelconque, une somme d'autant plus élevée qu'on désire recréer ce capital dans un moins grand nombre d'années.

La Caisse du *Crédit foncier* est, sous un rapport, une vraie Caisse d'épargne, où une portion de l'annuité, payée par l'emprunteur est placée à intérêt composé, de manière à servir, avec tous les avantages de ce mode de placement, au remboursement du capital emprunté. On conçoit que, pour le débiteur isolé, il y ait impossibilité d'employer ainsi les capitaux, c'est-à-dire sans perdre les intérêts d'un seul jour.

Le *Crédit foncier* a une manière toute naturelle de faire fructifier cette partie de l'annuité; c'est de l'employer au remboursement successif des sommes qu'il a lui-même empruntées d'une main pour les prêter de l'autre (1).

Il résulte de ce rapide exposé, que le *Crédit foncier*, plus prévoyant que les emprunteurs, les place dans une situation évidemment meilleure que celle qu'ils ont aujourd'hui en partage.

A des prêts contractés pour un délai toujours trop court, comparé à l'obligation de restituer le capital à l'expiration de ce délai,

_____

(1) Voir CHAP. VIII: *Des bases de la Société du Crédit foncier.*

le *Crédit foncier* substitue des prêts à longs termes.

A l'impossibilité presque absolue pour le débiteur de rembourser le prêt à l'époque convenue, le *Crédit foncier* fait succéder pour lui un mode de libération qui n'exige de sa part que l'exécution régulière d'un faible et insensible engagement.

C'est ainsi que, dans un avenir prochain, nous devrons au *Crédit foncier* des propriétaires empruntant avec confiance, parce qu'ils auront la certitude d'acquitter leur dette, tandis que gênés, obérés aujourd'hui, ils creusent chaque jour plus profondément un abîme ouvert sous leurs pas.

L'obscurité qui environnait le prêteur quant à la valeur de la garantie qui lui était offerte, l'incertitude forcée où il restait relativement à l'existence et au chiffre des hypothèques *occultes* disparaissent pour le *Crédit foncier*, qui trouve dans la loi le moyen infaillible de connaître la situation légale de l'emprunteur.

La même loi abrége pour la Société du *Crédit foncier*, en cas d'inexécution des engagements du débiteur, les formalités de saisie du *bien* hypothéqué, formalités qui se traduisaient autrefois pour le prêteur en frais onéreux, et en lenteurs interminables.

C'est grâce aux conditions nouvelles que la loi fait ainsi à la Société du *Crédit foncier*, remplissant l'office de prêteur, qu'il lui est possible de n'exiger, pour les capitaux qu'elle avance, qu'un salaire modéré.

Nous avons dit que le *Crédit foncier de France* prêtait ses capitaux, selon deux modes différents, aux propriétaires qui s'adressent à lui ; nous consacrerons le Chapitre suivant à faire connaître dans leur application l'une et l'autre des combinaisons adoptées.

CHAPITRE IV.

DES DEUX MODES D'APRÈS LESQUELS ON EM-PRUNTE AU CRÉDIT FONCIER DE FRANCE.

La Société du *Crédit foncier de France* prête :

Ou pour cinquante ans, moyennant une annuité fixe de cinq pour cent, qui comprend i'intérêt, l'amortissement et les frais d'administration, et qui éteint la dette au bout des cinquante années ;

Ou pour une période de temps de vingt à cinquante années (sans pouvoir être inférieure à 20 années), moyennant une annuité comprenant de même l'intérêt, l'amortissement et les frais d'administration, mais qui *varie* alors suivant le nombre d'années à l'expiration desquelles la dette se trouve également éteinte.

Le même principe domine, en effet, ces deux combinaisons, à savoir, que l'emprunteur rembourse la somme empruntée par un faible excédant qu'il ajoute annuellement à l'intérêt et aux frais d'administration.

I.

Prêts à annuité fixe de cinq pour cent.

EXEMPLE.

Un propriétaire emprunte 5,000 fr.; il s'engage à payer (en dehors des frais pour le contrat de prêt et dont nous parlerons plus tard) une annuité de cinq francs pour cent francs.

Elle se décompose ainsi :

1° Pour intérêt de l'argent.....	3 f. 70 c.
2° Pour l'amortissement dont nous avons indiqué le but.......	0 f. 704332(1)
3° Pour frais d'administration..	0 f. 595668
Ensemble.......	5 f. pour cent

Ce propriétaire paiera donc, pendant cinquante ans, une annuité de 250 francs, c'est-à-dire :

Pour l'intérêt.................	185 f.
Pour l'amortissement.........	35 f. 216600
Pour frais d'administration....	29 f. 783400
Ensemble.......	250 francs.

Au bout des cinquante années, ce propriétaire aura remboursé sa dette; car les 35 fr. et la fraction de franc qu'il aura payés, chaque année, en dehors de l'intérêt et des frais d'administration,

(1) Pour l'intelligence des calculs qui se trouvent dans ce Chapitre, nous prevenons nos lecteurs qu'à la suite des *centimes*, nous avons conservé les fractions qui seules permettent d'arriver à des résultats exacts.

auront été placés et replacés, accrus de leurs intérêts, par les soins de la Société de *Crédit foncier*,
et, à l'expiration des cinquante années, les 5,000 fr.
se trouveront reproduits. Il y aura, d'un côté, ce
qui est rare aujourd'hui, un *emprunteur* libéré, le
propriétaire; de l'autre côté, un *prêteur* désinté-
ressé, la Société de *Crédit foncier*.

On voit par cet exemple :

Que l'emprunteur paie pour les intérêts et
les frais d'administration une somme inférieure
à l'intérêt exigé dans les emprunts sur hypothèques; intérêt qui, nous ne saurions trop le
dire, s'élève, tout compte fait entre les contrées
riches et pauvres de la France, à sept pour cent;

Qu'il n'a plus à redouter l'échéance fatale à
laquelle il devait rendre, en un seul paiement, la
somme empruntée dont il se libère peu à peu;

Que le propriétaire dont nous parlions ne
rend en argent à la Société du *Crédit foncier*,
pendant les 50 années, et pour être applicables
au remboursement de sa dette de 5,000 fr.
que la somme de....... 1,760 fr. 83 c.
mais que la puissance des
intérêts accumulés, aug-
mentant cette somme de.. 3,239 fr. 17
les 5,000 fr. prêtés se trouvent ainsi reproduits à l'expiration des 50 ans (1).

(1) Ce propriétaire ne rend effectivement en argent au
Crédit foncier, que 1,760 fr. 83 c., c'est-à-dire le total
des 35 fr. et d'une fraction de franc payés annuellement
pendant 50 ans.

Or, la centralisation, par une Compagnie financière, des intérêts perçus peut seul permettre l'emploi immédiat et non interrompu des sommes versées.

Tel est le prêt à annuité fixe de cinq pour cent, et amenant en 50 années l'extinction de la dette.

Si l'on applique à l'exemple que nous venons de citer le calcul que nous avons présenté (pages 14 et 15), on voit que, en empruntant dans les conditions actuelles, une somme de 5,000 fr., en renouvelant cet emprunt tous les cinq ans en moyenne, et en remboursant le capital au bout de 50 années, on aurait à payer :

1° pour 50 ans d'intérêt....... 12,500 f.

2° Pour retenues faites sur le capital au moment du contrat primitif et à chaque renouvellement du contrat 5,000

3° Pour frais d'actes et de quittances, environ................. 1,500

4° Pour le montant du capital.. 5,000

Total .... 24,000 f.

En empruntant la même somme au *Crédit foncier*, on paiera, pour arriver à l'extinction de la dette dans le même délai de 50 ans :

1° Pour frais de contrat........   150 f.
2° Pour 50 annuités de 5 0/0...   12,500

$$\text{Total.........} \quad 12,650 \text{ f.}$$

$$\text{ÉCONOMIE.........} \quad 11,350 \text{ f.}$$

Emprunter de cette manière, c'est réellement, selon le mot heureux d'un personnage éminent, emprunter sans être obligé de rendre.

II.

Prêts à annuités variables.

Dans cette combinaison, l'emprunteur contracte vis-à-vis la Société du *Crédit foncier* l'obligation de se libérer par annuités, de manière que l'extinction de la dette (c'est toujours là le principe fondamental de l'Institution), s'opère dans un délai de 20 ans au moins et de 50 ans au plus.

L'annuité comprend dans ce cas deux éléments qui ne changent pas :

3

1° L'intérêt à 4 1/4 pour cent (4 fr. 25 c. pour 100 francs;

2° Une allocation, pour les frais d'administration, fixée à 60 c. pour 100 francs;

Et un élément variable; nous voulons parler de la portion de l'annuité affectée à éteindre la dette pendant le nombre d'années fixé pour la durée du prêt, au moyen de *l'amortissement* dont nous avons fait connaître les précieuses ressources (1).

Nous publions ci-contre le Tableau des *annuités*, payables par moitié et par semestre, que l'emprunteur doit acquitter, pour chaque somme de CENT FRANCS empruntée et pendant la durée du prêt.

(1) Voir au *Chapitre III*, page 23.

DURÉE du PRÊT.	MONTANT de L'ANNUITÉ.	DURÉE du PRÊT.	MONTANT de L'ANNUITÉ.
20 ans.	8 f. 072374 (¹)	36 ans.	6 f. 048960
21	7 846114	37	5 986382
22	7 641676	38	5 927716
23	7 456206	39	5 872652
24	7 287322	40	5 820916
25	7 133028	41	5 772254
26	6 991628	42	5 726440
27	6 861682	43	5 683270
28	6 741956	44	5 642554
29	6 631382	45	5 604124
30	6 529036	46	5 567820
31	6 434116	47	5 533504
32	6 345916	48	5 501044
33	6 263816	49	5 470320
34	6 187270	50	5 441220
35	6 115796		

(1) C'est-à-dire pour 100 fr.,   8 fr. 07 c. et une fraction.
   —   pour 1,000 fr.,   80 fr. 72 c. et une fraction.
   —   pour 10,000 fr.,   807 fr. 23 c. et une fraction.
   —   pour 100,000 fr., 8072 fr. 37 c. et une fraction.

Si nos lecteurs n'ont pas oublié qu'il est indispensable de consacrer chaque année à *l'amortissement* d'un capital une somme d'autant plus forte qu'on veut reformer ce capital dans un délai moins long, ils comprendront que la somme destinée à l'amortissement devra figurer pour un chiffre plus ou moins élevé dans l'annuité à payer, selon que le capital devra se trouver reproduit en 20, 30, 40, 50 années ou en tout autre nombre d'années de 20 à 50 ans.

EXEMPLES.

Un propriétaire emprunte au *Crédit foncier de France* 10,000 francs pour 25 ans ; il paye annuellement :

Pour l'intérêt 4 fr. 25 c. par 100 f.	425 f.
Pour frais d'administration (60 c. par 100 francs	60 f.
Pour l'amortissement	228 f. 30 c. 28^{in}
Montant de l'annuité ...	713 f. 30 c. 28^{m}

Le même emprunt est fait pour 30 années, l'emprunteur paie annuellement :

Pour l'intérêt, même somme ...	425 f.
Pour les frais, même somme ..	60 f.
Pour l'amortissement	167 f. 90 c. 36^{m}
Montant de l'annuité	652 f. 90 c. 36^{m}

Le même emprunt est fait pour 40 ans.

L'emprunteur paie annuellement :

Même somme pour l'intérêt....... 425 f.

Même somme pour frais d'administ. 60 f.

Et pour l'amortissement......... 97f.09c.16m

Montant de l'annuité...... 582f.09c.16m

Ainsi le propriétaire consacre annuellement à l'amortissement, c'est-à-dire à la reproduction des 10,000 fr. empruntés :

228 fr. 3028 s'il veut que le capital se reforme en 25 ans,

Et 97 fr. 0916 seulement s'il veut que la reproduction de ce même capital n'ait lieu qu'en quarante années.

Puisque nous venons d'indiquer à nos lecteurs deux modes différents d'emprunt, peut-être demanderont-ils lequel des deux modes est le plus avantageux. Devront-ils emprunter :

Pour cinquante ans à annuité de cinq pour cent,

Ou pour un nombre d'années variant de vingt à cinquante ans, mais en payant une annuité plus ou moins élevée?

Nous nous bornerons à répondre, pour ne pas entrer dans des détails qui dépasseraient les limites et le but de cet écrit, que les propriétaires auront toujours avantage à emprunter d'après la première combinaison, c'est-à-dire moyennant une *annuité fixe de cinq pour cent*, amenant en cinquante ans l'extinction de la dette, et qu'ils n'auraient profit à emprunter pour une période de vingt à cinquante années, en payant une annuité proportionnelle à la durée du prêt, que dans des circonstances tout à fait exceptionnelles.

A quelque mode d'emprunt que les propriétaires s'arrêtent d'ailleurs, nous ne saurions trop leur recommander d'apporter la loyauté la plus grande dans l'exécution des conventions qui interviennent entre eux et la Société du *Crédit foncier*. Il est essentiel qu'ils paient avec l'exactitude la plus rigoureuse, et aux *époques fixées*, les annuités qu'ils doivent acquitter.

Il faut que les emprunteurs, pour jouir des *droits* que leur assure l'Institution du *Crédit foncier*, remplissent les *devoirs* qu'elle leur impose.

CHAPITRE V.

DES REMBOURSEMENTS ANTICIPÉS OU DE LA FACULTÉ POUR L'EMPRUNTEUR DE SE LIBÉRER EN TOUT OU EN PARTIE PENDANT LA DURÉE DU PRÊT.

Il peut convenir à un emprunteur qui a contracté pour 50 ans, ou même pour un terme moins éloigné, de se libérer par avance et d'affecter à cette libération, soit les épargnes dont il pourrait disposer, soit les sommes qu'il devrait à une circonstance fortuite, à un héritage, par exemple. Dans ce cas, il profite toujours de la réduction que *l'amortissement* a déjà produit sur le capital de la dette.

Si cet emprunteur a contracté sur le pied d'une annuité fixe de 5 0/0, il peut rembourser ce qu'il reste devoir en *Obligations foncières* (1) de même nature et de même année d'émission que les titres créés en représentation de son emprunt. Le *Crédit foncier de France* recevra ces *Obligations au pair*, c'est-à-dire à leur prix de création.

Dans l'hypothèse d'un emprunt de 10,000 fr., l'emprunteur qui voudrait se libérer au bout

(1) Nous expliquerons au CHAP. VIII : *Des bases de la Société du Crédit foncier*, l'origine de ces *Obligations*.

de 20 ans par exemple, redevrait, à cette époque 7,940 francs, plus 2 0/0 sur cette somme à titre *d'indemnité* pour la résiliation du contrat et pour la privation de bénéfices qui en résulte, au préjudice de la Société. Ces 2 0/0 équivalant à 158 fr., c'est, en effet, 8,098 fr. que l'emprunteur aurait à payer. Il lui suffirait donc d'acheter à la Bourse huit Obligations de mille francs avec lesquelles, en y ajoutant 98 fr., il éteindrait entièrement sa dette.

Si l'emprunteur voulait, au contraire, rembourser en *numéraire*, rien ne s'y opposerait. Toutefois, ce mode de remboursement exige quelques observations.

Pour se procurer les fonds avec lesquels il fait lui-même des prêts, le *Crédit foncier de France* émet, comme nous l'expliquerons plus tard, des *Obligations*; et, pour engager le public à prendre ces Obligations, il y attache, comme avantage, des *primes* payables au moment de leur remboursement.

Quand on rembourse à la Société du *Crédit foncier*, par anticipation, les prêts qu'elle a faits, elle est obligée, à son tour, de rembourser ses Obligations plus tôt qu'elle ne devait d'abord le faire, et par conséquent, de payer plus tôt les primes dont il s'agit. De là, une perte pour la Société, perte dont il est juste et nécessaire que l'emprunteur, amené d'ailleurs à rembourser par ses seules convenances, lui tienne compte. Cet emprunteur doit donc, dans ce cas, ajouter à la somme qu'il rembourse celle que le *Crédit foncier* devra payer lui-même pour les *primes* attribuées aux *Obligations* correspondantes.

EXEMPLE.

Duhamel a emprunté 1,000 francs pour 50 ans. moyennant une annuité fixe de cinq pour cent. Au bout de 30 ans, il veut se libérer. Il ne doit plus alors sur le capital que............ 618 f. 56 (1)
Mais il devra ajouter à cette somme :
Pour la prime.................. 69 90
Pour l'indemnité de 2 0/0........ 12 37

Total.......... 700 f. 83

Il est à remarquer que, même en tenant compte de la prime et de l'indemnité de 2 0/0, l'emprunteur qui veut se libérer en numéraire, aura à payer dès la seizième année qui suivra le prêt, moins qu'il n'a reçu à l'origine.

Pour 10,000, après 16 ans, il ne devrait que 9,965 fr. 42 c.; après 20 ans, 9,234 fr. 99 c.; après 30 ans, 7,008 fr. 38 c.; après 40 ans, 4,029 fr. 83 c.

L'emprunteur, s'engageant à d'autres conditions, a-t-il contracté selon le second mode

(1) En effet, une portion des annuités qu'il a payées depuis 30 ans a éteint déjà une partie du capital.

à débourser dans l'éventualité la plus défavorable pour lui.

S'il arrivait, au contraire, que les Obligations foncières fussent cotées à un prix inférieur à leur valeur nominale (1,000 fr.); elles n'en seraient pas moins reçues pour cette valeur, et la différence tournerait au profit de l'emprunteur, qui est toujours maître de choisir son temps pour rembourser par anticipation.

La faculté de se libérer ainsi peut s'exercer pour une partie seulement de la dette.

Cette faculté offre aux emprunteurs un moyen d'alléger leur situation, moyen dont les pères de famille prévoyants ne manqueront pas d'user.

EXEMPLE.

Un homme de 40 ans emprunte 40,000 fr., moyennant une annuité de cinq pour cent, amenant, comme nous l'avons dit, l'extinction de sa dette en cinquante ans. Il doit calculer qu'il ne vivra sans doute pas jusqu'à l'expiration d'un contrat que son fils, après lui, devra continuer à exécuter. Que ce père de famille rembourse pendant sa vie, par fractions minimes, une partie de la somme empruntée, il aura réduit l'annuité de 2000 f. qu'il s'est engagé à payer, à une annuité de 1600 f., de 1200 f., à une annuité peut-être encore inférieure; et, à sa mort, il laissera à son fils une propriété ayant naturellement plus de valeur, puisqu'elle devra moins, et une Obligation désormais plus facile à remplir. En cas de vente ou de partage, la Société du *Crédit foncier* consentira sans difficulté la division de la dette non encore amortie.

Il résulte de l'ensemble des explications qui précèdent, que la Société du *Crédit foncier* demande aux emprunteurs un intérêt moins élevé qu'il ne l'est ordinairement. Elle leur présente en même temps de grandes facilités pour leur libération anticipée, sans gêner la transmission de la propriété.

Nous allons voir que, sous le rapport des frais du contrat de prêt, les emprunteurs ont encore tout avantage à recourir au *Crédit foncier*.

CHAPITRE VI.

DES FRAIS DU CONTRAT DE PRÊT.

———

Dans les emprunts sur hypothèque, tels qu'ils ont lieu aujourd'hui, les emprunteurs supportent les frais du contrat. La Société du *Crédit foncier* met également ces frais à la charge de l'emprunteur ; mais le montant de ces frais, quand leur taux ne serait pas diminué, se trouverait singulièrement réduit.

En effet, supposons que ces frais soient les mêmes, ni plus ni moins élevés, soit que l'emprunteur traite avec un prêteur ordinaire, soit qu'il contracte avec le *Crédit foncier*; l'exemple suivant prouvera que les *mêmes frais*, si l'emprunteur les paie à la Société du *Crédit foncier*, seront moins onéreux pour lui.

EXEMPLE.

M. *** consent à prêter sur hypothèque à Leroux 3,000 fr. pour cinq ans, durée habituelle de ces sortes de prêts. Leroux paie pour les frais de l'acte de prêt, qui réclame impérieusement la forme notariée, environ 3 0/0 du capital emprunté, soit 90 fr. C'est, évidemment, comme si Leroux payait 18 fr. pour chacune des cinq années du prêt.

Emprunte-t-il, au contraire, ces 3,000 fr. à la Société du *Crédit foncier*, en supportant les mêmes frais; comme le prêt lui est fait pour cinquante ans, ce n'est plus alors que comme s'il payait, en frais, 1 fr. 80 c. pour chacune des cinquante années.

On voit que, pour la même somme dépensée en frais, Leroux obtient, dans ce dernier cas, un avantage très-considérable.

Il paierait, en frais, 90 fr. pour recevoir d'un prêteur ordinaire 3.000 fr.. qu'il devrait rembourser au bout de cinq ans, après avoir payé un intérêt de sept pour cent.

S'il paie également, en frais, ces 90 fr. pour que la Société du *Crédit foncier* lui fournisse ces 3,000 fr., il éteint sa dette en cinquante ans, par le seul paiement, fait avec exactitude, d'une annuité de cinq pour cent.

Mais ce n'est pas tout encore.

Leroux, l'emprunteur, en s'adressant au *Crédit foncier*, ne paiera qu'une fois ces 90 fr. pour le contrat de prêt. Il n'est pas exposé à voir ces frais se renouveler indéfiniment ; tandis que, si au bout de cinq ans, il n'a pu rembourser son créancier, et qu'il soit forcé de trouver un nouveau prêteur pour désintéresser le premier, Leroux paiera, comme la première fois, 90 fr. pour le nouveau contrat de prêt qui lui sera consenti pour cinq autres années. A cette nouvelle échéance, sera-t-il en mesure de se libérer? Et le même fait pourra se reproduire dix fois en cinquante années !

Un dernier mot au sujet des frais. On a paru craindre que leur paiement, qui doit avoir lieu immédiatement, *au comptant*, n'imposât, en tous cas, une trop forte charge aux petits propriétaires peu aisés, aux habitants de nos campagnes, et ne les privât des bienfaits que le *Crédit foncier* doit principalement répandre sur les populations agricoles.

Nous ne partageons pas cette crainte. Le cultivateur qui devrait payer 100 fr. pour un contrat de prêt, empruntera en plus, à la Société du *Crédit foncier*, les 100 francs applicables aux frais, qui se trouveront ainsi confondus, en réalité, avec le capital que ses annuités doivent éteindre en de longues années.

Il nous reste à faire connaître, pour que cet écrit, justifiant son titre, devienne en réalité le *Guide de l'Emprunteur*, les indications et les renseignements qui doivent se trouver joints à la demande d'emprunt.

CHAPITRE VII.

DES DEMANDES D'EMPRUNTS. — FORMALITÉS.

Le propriétaire peut s'adresser à la Société du *Crédit foncier*, soit qu'il veuille obtenir pour la première fois des capitaux dont il a besoin ; soit qu'ayant à rembourser, dans un certain délai, un emprunt précédemment contracté, il préfère devenir le débiteur de la Société qu'il remboursera, à longue échéance, en 20, 30, 40 ou 50 années, plutôt que de renouveler un emprunt pour 3, 4 ou 5 ans, dans les conditions ordinaires.

Le propriétaire peut aussi réunir ces deux opérations et faire rembourser par la Société, immédiatement ou à l'échéance, les créanciers déjà inscrits et se procurer, en outre, un capital disponible.

Mais il faut que ce propriétaire sache dès à présent, et pour ne pas être déçu dans ses projets :

Que la Société du *Crédit foncier* ne lui prêtera qu'autant que la propriété sur laquelle il emprunte, sera, *et avant tout*, affectée à la garantie de la somme prêtée par la Société, qui, ainsi qu'on le dit, aura sur cette propriété une *première hypothèque;*   4

Que la Société du *Crédit foncier* ne prête
que la moitié de la valeur de la propriété hy-
pothéquée et que le tiers seulement de la valeur s'il s'agit de propriétés plantées en vignes
ou en bois (1);

Que les bâtiments des usines et fabriques ne
sont estimés que comme bâtiments; en d'autres
termes, que pour ce qu'ils valent comme constructions, et non en raison de l'industrie à
laquelle ils peuvent être consacrés;

Enfin, que le propriétaire ne peut s'engager
à payer une *annuité* supérieure au revenu total de sa propriété.

Analysons maintenant les renseignements
que la demande d'emprunt (2) doit contenir.

L'emprunteur indiquera ses nom, prénoms,
qualité ou profession; son domicile.

Il indiquera la somme qu'il veut emprunter.

_____

(1) Lorsqu'il existe une inscription par suite d'une
créance momentanément non remboursable, telle qu'une *rente
viagère*, par exemple, le *Crédit foncier* pourra prêter à
la suite de cette inscription pourvu que son prêt, joint au
montant de l'inscription déjà prise, n'excède pas, suivant la
nature de la propriété, la moitié ou le tiers de la valeur.

(2) Les demandes d'emprunt et pièces à l'appui doivent
être adressées :

1° Au siège du *Crédit foncier de France*, rue des
Trois-Frères, n° 5, à Paris, quand les immeubles sont situés
dans le ressort de la Cour Impériale de Paris.

2° Aux Directions du *Crédit foncier de France*, dans
les villes où siègent des Cours Impériales, quand les immeubles sont situés dans le ressort de ces Cours.

Il fera connaître s'il veut contracter moyennant *cinq pour cent d'annuité*, tout compris, pour cinquante ans;

Ou il indiquera la durée du prêt, s'il veut emprunter pour un nombre quelconque d'années, depuis vingt ans jusqu'à cinquante, en payant, pour chaque somme de CENT FRANCS qu'il empruntera une annuité variable suivant la durée du prêt (1).

L'emprunteur indiquera la consistance des biens offerts en garantie, les lieux où ils sont situés ; il désignera sommairement les bâtiments et la contenance superficielle.

Il déclarera la valeur de ces biens.

Il produira à l'appui de sa demande :

1° Un établissement de propriété sur papier libre et les titres de propriété de son immeuble;

2° La copie certifiée de la matrice cadastrale ;

3° Les baux ou l'état des locations, s'il en existe, avec indication des fermages et loyers payés d'avance ;

4° La déclaration signée par lui des revenus et des charges;

5° La cote des contributions de l'année courante, ou, à son défaut, celle de la dernière année;

6° La police d'assurance contre l'incendie;

(1) Voir page 35 le Tableau des annuités.

7° Un état d'inscription indiquant la situation hypothécaire ;

8° La déclaration de son état civil, s'il est ou a été marié ou tuteur, et son contrat de mariage.

Nous engageons les emprunteurs à n'omettre aucun des renseignements qui viennent d'être spécifiés, la Société du *Crédit foncier* ne pouvant donner suite à une demande d'emprunt que lorsqu'elle est en possession de tous les documents qui peuvent l'éclairer sur la régularité de la propriété et sur la solidité du gage offert. Nous les engageons encore à ne jamais s'écarter, dans leurs déclarations, de la plus stricte vérité.

La demande d'emprunt ayant été régulièrement formée, il intervient, après vérification des faits, et, s'il y a lieu, après estimation de l'immeuble par les Inspecteurs du *Crédit foncier de France*, un contrat conditionnel qui ne devient définitif qu'après l'accomplissement d'une formalité appelée : *purge des hypothèques* (1) et pourvu que cette procédure ne révèle l'existence d'aucun obstacle légal.

Toutefois, aux termes d'une loi qui a modifié les Décrets organiques du *Crédit foncier*, cette formalité de la *purge* qui était obligatoire

_____

(1) Cette formalité a pour but de faire connaître les hypothèques et privilèges dont un immeuble peut être chargé.

pour la Société, est devenue facultative. La Société du *Crédit foncier* pourra s'en dispenser quand, sans s'écarter des règles de la prudence, elle en reconnaîtra l'inutilité. Ainsi on évitera, dans un très-grand nombre de cas, des délais qui retardaient pour l'emprunteur l'entrée en jouissance du capital qui lui est prêté par la Société, et une publicité que redoutent une multitude de propriétaires, jaloux de ne pas appeler l'attention publique sur la situation de leurs affaires.

Des délais indispensables devant néanmoins s'écouler entre la demande d'emprunt et la conclusion définitive du contrat à intervenir, délais que la formalité de la *purge* augmentera, quand elle sera jugée nécessaire ; l'emprunteur agira prudemment en formant sa demande trois mois environ avant l'époque où il désirera toucher le montant du prêt.

CHAPITRE VIII.

DES BASES DE LA SOCIÉTÉ DU CRÉDIT FONCIER.

———

Nous croyons qu'il est utile de chercher à faire comprendre en peu de mots à nos lecteurs, le mécanisme sur lequel reposent les opérations de la Société du *Crédit foncier*.

La Société remplira un double rôle, qui consiste à PRÊTER aux uns et à EMPRUNTER aux autres.

Elle prête les capitaux dont elle dispose aux propriétaires emprunteurs qui, en raison des garanties qu'ils lui donnent, lui inspirent confiance et sécurité.

Elle se procure les capitaux dont elle a besoin, en attirant, par les garanties qu'elle offre à son tour, la confiance des personnes qui veulent bien lui prêter l'argent qu'elles ont à placer.

Les garanties qu'elle présente sont morales et matérielles. Occupons nous d'abord de ces dernières et assistons à l'œuvre que la Société du *Crédit foncier* accomplit.

La Société prête à un propriétaire 100,000 fr.,

en échange de l'annuité que celui-ci doit acquitter pendant la durée du prêt. Pour rentrer dans ces 100,000 fr., elle crée cent Obligations de mille francs chacune, qui peuvent être subdivisées en coupons de cent francs et qui sont appelées, comme nous avons eu l'occasion de le dire précédemment, *Obligations foncières*, parce qu'elles ont pour répondants, le sol, le fonds de la terre. Elle vend ces Obligations à toutes personnes cherchant, les unes à placer des capitaux importants ; d'autres, à faire fructifier de modestes épargnes.

La Société de *Crédit foncier* doit ainsi, de son côté, 100,000 francs : elle s'engage à payer l'intérêt annuel de ses Obligations et à en rembourser le montant. Elle peut prendre en toute assurance ces deux engagements.

En effet, le propriétaire qui a emprunté les 100,000 fr., paie à la Société une annuité dans laquelle l'intérêt figure, suivant la combinaison d'emprunt adoptée (1), pour 3 fr. 70 c. ou pour 4 fr. 25 c. pour cent. La Société de *Crédit foncier* touche donc un intérêt qui la met à même de servir celui qu'elle doit aux porteurs de ses Obligations, et cela avec d'autant plus d'exactitude, qu'elle ne paie cet intérêt que

(1) Selon qu'il s'agit d'un prêt fait pour cinquante ans, moyennant une annuité fixe de cinq pour cent, ou d'un prêt pour une période d'années entre vingt et cinquante ans, moyennant une annuité variable.

trois mois après l'époque où l'emprunteur a payé lui-même son annuité.

Quant au capital des Obligations, la Société le remboursera avec une égale facilité.

On se rappellera que l annuité payée par l'emprunteur des 100,000 fr. comprend une somme dont le placement, à intérêt composé, doit reproduire le capital emprunté pendant la durée du prêt. La Société de *Crédit foncier* est donc certaine de rembourser les Obligations qu'elle a créées, c'est-à-dire, de restituer à ses prêteurs le capital qu'elle en a reçu, dans le même temps que le propriétaire éteindra sa propre dette.

Les *Obligations foncières* que la Société du *Crédit foncier* est autorisée à émettre, en représentation des sommes qu'elle prête, offrent aux capitaux un excellent placement, à l'abri de toute chance de perte.

N'oublions pas :

Que la Société, ainsi que nous l'avons dit, ne prête jamais que sur première hypothèque;

Que le prêt consenti ne peut excéder la moitié de la valeur de la propriété ;

Que l'intérêt de la Société lui prescrit d'apporter la plus grande vigilance dans l'étude de ses placements;

Que la Société, enfin, est investie par la loi

de l'autorité nécessaire pour se mettre en possession des biens du propriétaire qui ne tiendrait pas vis-à-vis elle ses engagements.

N'oublions pas en outre :

Que la Société répond sur son fonds social du paiement régulier des intérêts et du remboursement du capital.

Les Obligations de la Société du *Crédit foncier* de France seront d'autant plus recherchées à titre de placement, qu'elles circuleront facilement, et que celles de ces Obligations qui seront au porteur passeront de main en main comme des billets de banque.

Le preneur d'une de ces Obligations pourra, s'il a besoin d'argent, s'en défaire, la vendre sans rien perdre. Ces valeurs auront bientôt conquis la confiance publique, parce qu'on saura qu'elles sont représentées par un gage certain, durable, par une portion même du sol, donnée par le propriétaire en garantie de son emprunt, et qui répond des intérêts comme du capital (1).

Il est, d'ailleurs, important de ne pas perdre

(1) En Allemagne, les Sociétés de *Crédit foncier* avaient émis à la fin de l'année 1841 des obligations représentant plus de 540 millions de francs. Quoique ces obligations ne rapportent que 3 fr. 50 d'intérêt pour 100 fr., elles sont toujours *au-dessus du pair*, c'est-à-dire que l'on donne plus de 100 fr. pour avoir droit à un intérêt de 3 fr. 50, tant on considère comme solide le gage sur lequel ce placement repose.

de vue que la Société du *Crédit foncier de France* a un capital social considérable, affecté à la garantie de ses engagements et spécialement de ses *Obligations foncières* ; que l'émission de ce capital, qui devra être porté à 60 millions de francs, et qui s'élève aujourd'hui à 30 millions, doit être maintenu dans la proportion de 5 millions, pour chaque 100 millions d'Obligations créées par la Société ; qu'elle a obtenu de l'État une subvention de dix millions et que ses Statuts prescrivent la formation d'un fonds de réserve.

En dehors des garanties matérielles que nous venons d'énumérer, la Société du *Crédit foncier de France* présente des garanties morales non moins précieuses ; nous voulons parler de la forme même sous laquelle elle s'est constituée, de l'approbation donnée par le Gouvernement à ses Statuts sur l'avis du Conseil d'Etat, des moyens d'investigation mis à sa disposition pour apprécier la valeur des gages offerts en garantie, de la solvabilité reconnue de ses actionnaires, de la haute position sociale de ses Administrateurs, de la publicité que ses opérations reçoivent et de la reddition de ses comptes. Tout concourt, dans l'organisation de la Société du *Crédit foncier*, à ce que cette Institution, assise sur les meilleures bases, voie venir à elle, et les prêteurs qui lui confieront leur argent, et les emprunteurs désormais protégés par la sagesse de ses combinaisons.

Toutefois, la mission de la Société du *Crédit foncier* ne se bornera pas à venir en aide à des intérêts privés; en diminuant les charges qui pèsent sur la propriété, elle accroît encore la richesse publique. C'est ce que nous allons prouver dans un dernier Chapitre, tout en priant nos lecteurs d'excuser l'aridité des chiffres que nous mettons sous leurs yeux.

CHAPITRE IX.

DE L'EXTINCTION PROGRESSIVE D'UNE PARTIE DES CHARGES DE LA PROPRIÉTÉ.

Nous avons dit précédemment que l'ensemble de la dette contractée en France sur hypothèque pouvait s'élever à 8 milliards de francs.

Nous rappelons également ici que les emprunteurs paient *l'un dans l'autre*, qu'on veuille bien nous passer cette expression qui rend mieux notre pensée, sept pour cent d'intérêt.

Ainsi la propriété paie annuellement pour intérêts 560 millions.

La contribution que les propriétaires acquittent à titre d'impôt foncier, s'élève annuellement à 280 millions.

De telle sorte que la terre, que le sol, ont à supporter annuellement une charge de 840 millions.

Intérêts des emprunts faits sur hypothèque.....................	560,000,000
Contribution ou impôt foncier	280,000,000
Ensemble...........	840,000,000

Le revenu du sol (produits de la terre et des constructions de toute nature), ce qu'on appelle en un mot le revenu territorial, ne dépasse pas 2 milliards. Les deux charges que nous venons d'indiquer absorbent donc, à elles seules, plus du tiers de ce revenu.

« Mais ces deux charges, dont la somme écrase le propriétaire, ne sont pas de même nature. L'Etat ne peut perdre le produit de l'impôt foncier; il n'en peut rien remettre, l'impôt foncier contribuant à acquitter les dépenses invariables de l'Etat; mais la dette hypothécaire peut être entamée; de ce côté, du moins, le dégrèvement désiré semble être réalisable (1).»

Il était réservé au *Crédit foncier* d'opérer ce dégrèvement.

Supposons que des propriétaires emprunteurs, au fur et à mesure qu'ils verront approcher l'échéance d'un emprunt qu'ils ne peuvent rembourser, s'adressent à la Société du *Crédit foncier* pour désintéresser leurs anciens prêteurs; supposons que la Société se substitue progressivement à ces prêteurs pour une somme de 2 milliards seulement sur les 8 milliards prêtés; les intérêts qui pèsent sur

---

(1) M. F. de Villefosse, Etudes sur le *Crédit foncier.*

la propriété se trouvent annuellement diminués de 40 millions.

2 milliards paient aujourd'hui pour intérêt à sept pour cent 140,000,000

Le *Crédit foncier* ne ferait payer aux débiteurs de ces 2 milliards qu'une *annuité* de cinq pour cent, soit 100,000,000

En moins par année 40,000,000

Et encore cette annuité ne serait que temporaire ; et, en outre, comme dans le système du *Crédit foncier*, le paiement de l'annuité éteint l'emprunt, 2 milliards, formant le quart de la dette qui existe maintenant, seraient, dans un temps donné, remboursés en capital et en intérêt! On peut donc dire avec raison que cette extinction d'une partie des charges qui pèsent en France sur la propriété équivaudrait à un accroissement de la fortune publique.

Mais pourquoi ne pas étendre plus loin de telles espérances ? Pourquoi ne pas croire que la pluspart des propriétaires grevés d'hypothèques s'empresseront de profiter du mode de libération que leur offre le *Crédit foncier de France* et que la majeure partie de la dette hypothécaire, *consolidée* d'abord , s'éteindra successivement par l'action de l'amortissement?

En résumé :

Débarrasser nos propriétaires du fardeau de leur dette, ou, du moins, en alléger le poids;

Fournir à bon marché aux détenteurs de la terre des capitaux qui leur permettent de féconder le sol par d'incessantes améliorations;

Rendre à l'avenir les emprunts sur hypothèque moins onéreux, et assurer aux emprunteurs les moyens certains de se libérer par le paiement d'annuités à longs termes;

Arracher les populations agricoles, si dignes d'intérêt, à l'usure qui les épuise et les dévore;

Telle est la mission du *Crédit foncier*; tels sont les bienfaits que la Société du *Crédit foncier de France* réalisera pour notre pays.

FIN

TABLE DES MATIÈRES.

PARIS. — IMPRIMERIE CENTRALE DE NAPOLÉON CHAIX ET Cie,
RUE BERGÈRE, 20.

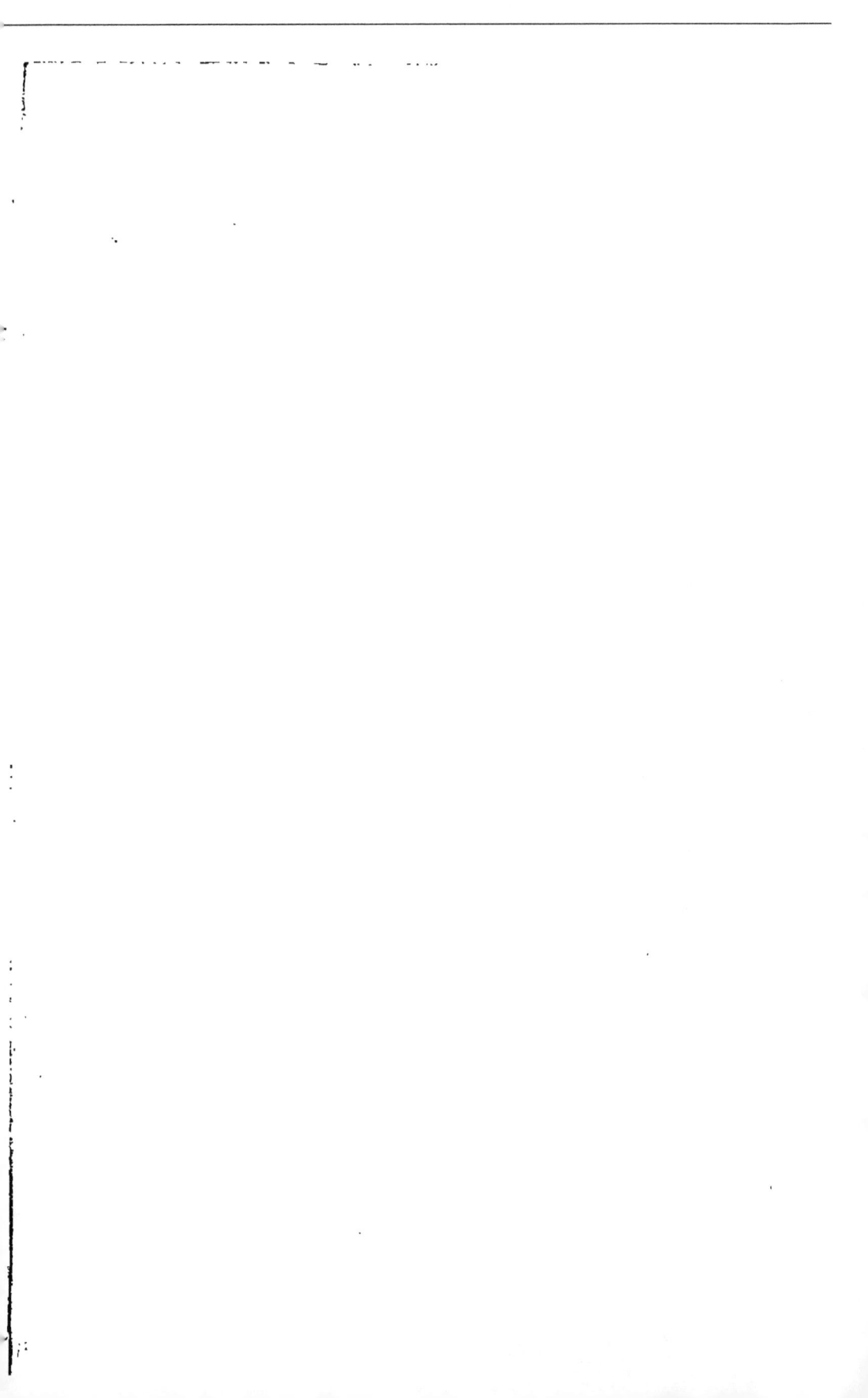

www.ingramcontent.com/pod-product-compliance
Lightning Source LLC
Chambersburg PA
CBHW050516210326
41520CB00012B/2336